ÉLOGE

DE

LOUIS SEIZE.

PAR M. DE LEYRAC.

Aperuerunt super me os suum, sicut leo rapiens
et rugiens. Concilium malignantium obsedit me.

PARIS,

ADRIEN ÉGRON, IMPRIMEUR

DE SON ALTESSE ROYALE MONSEIGNEUR, DUC D'ANGOULÊME,
rue des Noyers, n° 57.

PICHARD, LIBRAIRE, QUAI CONTI, N° 5.

1821.

(Cet Ouvrage se vend au profit des pauvres.)

ÉLOGE

DE

LOUIS SEIZE.

———

Les hommes ont une si grande admiration pour les conquérans, ils se laissent tellement éblouir par le faux éclat de la gloire des armes, que l'on se voit toujours forcé, pour les désabuser, de mettre à côté des trophées qui charment leurs regards, le spectacle hideux des maux qu'ils traînent à leur suite. Il faut toujours leur rappeler que les peuples ne peuvent être heureux que sous des princes qui ne les appellent au combat que pour repousser une injuste agression. Mais c'est en vain que l'histoire inexorable leur présente à la fois et la triste destinée des guerriers ambitieux, et l'effrayant tableau des malheurs sans nombre qui ont accablé les vainqueurs et les vaincus. C'est en vain qu'elle leur retrace la désolation des campagnes, les larmes des

familles, l'anéantissement du commerce, la déca-
dence des sciences et des arts. Rien ne peut désen-
chanter les hommes et les ramener à des idées saines
sur la gloire. On les verra toujours amans du merveil-
leux, et toutes les fois qu'un homme extraordinaire
paraîtra sur la scène du monde, ils en feront leur
idole, ils lui dresseront des autels. Il pourra tremper
ses mains criminelles dans un sang innocent, arracher des bras d'une mère éplorée l'enfant, appui
de sa vieillesse, dévorer sans pitié la fortune publique, récompenser le vice et punir la vertu. Il pourra
même fouler aux pieds toutes les lois divines et humaines. Ils lui décerneront le nom de grand, si ses
nombreuses phalanges ont porté partout la terreur
et la désolation. La guerre la plus injuste sera légi-
timée par la victoire. La plus noire des trahisons
ne sera qu'une ruse adroite commandée par la poli-
tique. La plus affreuse tyrannie aura le nom de fermeté. L'ambition la plus insatiable ne sera qu'une
généreuse philantropie : tant l'éclat des triomphes
éblouira le vulgaire et confondra toutes les notions
du juste et de l'injuste.

Cette disposition des esprits à n'admirer que les
conquérans, à ne se passionner que pour la gloire
des armes, semble presque interdire l'éloge des
princes qui ne se sont occupés que du bonheur de
leurs sujets. Etrange aveuglement ! déplorable corruption de l'espèce humaine ! Il ne sera pas permis

de jeter quelques fleurs sur la tombe des rois vertueux, et l'on verra le marbre et l'airain respirer
pour les fléaux de la terre.

Mais, quelle que soit la défaveur publique, quelle
que puisse être l'indifférence du siècle où nous vi-
vons, elles ne sauraient nous réduire au silence.
Nous oserons entreprendre l'éloge du plus modeste
et du plus infortuné des Monarques. Nous ne crain-
drons pas d'éveiller le remords dans l'âme des uns,
de faire rougir les autres de leur imprévoyance ou
de leur faiblesse. Nous reprocherons même à des
serviteurs fidèles de n'écouter que le sentiment de
leurs propres infortunes, et de se montrer sourds à
la voix de la justice et de la vérité. Nous dirons
enfin à la postérité ce que fut Louis XVI, et nous
vengerons la mémoire de ce Roi si bon, si méconnu,
si cruellement outragé, en écrasant ses détracteurs
sous le poids de ses vertus.

Par le tableau rapide de nos dissensions civiles,
inséparable de cet éloge, les peuples apprendront
que s'ils sont malheureux sous les rois conquérans,
leur destinée est bien plus déplorable encore, lorsque, profitant de la faiblesse ou de la bonté de ceux
qui sont appelés à les gouverner, ils osent saisir
d'une main téméraire les rênes de l'Etat. Séduits par
le fantôme de la liberté, qui toujours leur échappe,
ils se précipitent dans un abîme de maux. Irrités
par des obstacles sans cesse renaissans, on les voit,

dans leur fureur aveugle, s'en prendre à tout ce qui les entoure, et sacrifier les meilleurs citoyens au nom de cette liberté qui se venge d'être profanée. Insensés! elle n'est faite que pour les sages. Elle fuit épouvantée ceux qui, l'abordant avec passion, veulent en faire l'instrument de leur ambition ou de leur vengeance. On peut plaindre et pardonner un peuple qui s'engage pour la première fois dans ces routes épineuses, mais on ne pourrait que vouer à l'exécration des siècles une nation éclairée qui se laisserait encore séduire par les trompeuses amorces de la liberté, après avoir vu cinq lustres s'écouler au milieu des troubles et des dissensions, après avoir infructueusement parcouru le cercle de toutes les conceptions humaines, en fait de gouvernement, après avoir enfin passé des horreurs de l'anarchie sous la plus monstrueuse tyrannie qui jamais ait pesé sur la terre.

Louis XVI, depuis sa naissance jusqu'à l'effroyable catastrophe qui le précipita dans la tombe, se présente toujours à nous comme une victime expiatoire des erreurs et des crimes de son siècle. Il semble que l'Eternel, dans sa colère, l'ait choisi pour donner une leçon terrible aux peuples et aux rois. Des présages sinistres entourent son berceau. Il est privé, dès l'âge le plus tendre, des vertueux auteurs de ses jours. Plus tard, le sang coule au milieu des fêtes publiques dont il est l'objet. Des écrivains célèbres abusent de leur esprit et de leurs talens pour corrompre les mœurs et relâcher les liens sacrés qui unissent les sujets au Monarque. La cour de son aïeul donne elle-même de funestes exemples. Des ministres, livrés à le secte philosophique, se flattent de diriger le vaisseau de l'Etat au milieu des écueils dont ils l'entourent. Une surabondance de population, fruit d'une longue paix, favorise les projets des destructeurs de l'ordre social. La chaire sacrée est en deuil de ces illustres orateurs, dont la voix éloquente aurait pu retenir l'Etat sur le penchant de sa ruine. Quelques ministres des autels sont eux-mêmes les apôtres de l'impiété. Une guerre ruineuse est entreprise dans le Nouveau-Monde. La noblesse française prend les armes pour l'indépendance d'un peuple qui foulait à ses pieds l'image des rois. Une nation rivale, justement irritée, s'apprête à assouvir ses vengeances. Ainsi, toutes les passions sont déchaînées à la fois, tous les moyens sont mis en œuvre pour saper les fondemens de la monarchie; ainsi tout semble conspirer contre le prince dont nous déplorons la mémoire.

Louis, Dauphin de France, fils de Louis XV et de Marie Leczinsky, n'avait eu qu'une Princesse de son premier mariage avec Marie-Thérèse, Infante d'Espagne. Six mois après sa mort, il unit sa destinée à celle de Marie-Josephe de Saxe, fille de Frédéric-Auguste, Electeur de Saxe et Roi de Pologne.

Le duc de Bourgogne fut le premier fruit de cette union. Ils eurent pour second fils le duc d'Aquitaine, qui ne vécut que six mois, et six mois après, le 23 août 1754, naquit à Versailles l'infortuné Louis XVI.

La modestie voulut jeter un voile sur son berceau, comme sur toutes les actions de sa vie : car cet auguste enfant n'eut pour témoins de sa naissance que le Chancelier, le Garde des Sceaux et le marquis de Puysieux. La cour était à Choisy et le courrier chargé d'en porter la nouvelle à Louis XV, mourut d'une chute de cheval. Il reçut le titre de duc de Berri et les noms de Louis-Auguste. L'évêque de Limoges et le duc de La Vauguyon furent chargés du soin de son éducation.

Doué du plus heureux naturel, docile aux leçons de ses maîtres, avide d'instruction, il annonça bientôt ce qu'il serait un jour. Ses bonnes qualités étaient à la vérité ternies par un fonds inépuisable de timidité que ne contribuèrent pas peu à entretenir en lui les louanges que prodiguaient au duc de Bourgogne les courtisans toujours si empressés à rechercher les faveurs du prince le plus rapproché du trône. Ces louanges étaient, il est vrai, bien méritées, car jamais l'enfance d'un prince ne donna de plus belles espérances. Les comtes de Provence et d'Artois avaient aussi plus de gaîté et de vivacité d'esprit que le duc de Berri. D'heureuses saillies les faisaient rechercher à la cour, et la préférence qu'on leur donnait accoutuma ce jeune prince à l'idée d'une grande infériorité. Hélas! c'est peut-être dans ces premières impressions qui ne s'effacent jamais qu'il faut chercher la cause de cette timidité, de cette défiance de lui-même qu'il porta sur le trône, et qui furent la source de toutes nos calamités.

C'est ici le lieu de repousser la calomnie dont on a voulu noircir M. le Dauphin et madame la Dauphine. On a osé les accuser d'indifférence pour le duc de Berri, comme si ces pieux époux eussent pu méconnaître le premier de leurs devoirs, comme s'ils n'eussent pas craint d'allumer, par une injuste préférence, une haine funeste entre leurs enfans. Mais s'ils avaient pour le duc de Bourgogne une secrète prédilection que l'œil exercé des courtisans ne put jamais pénétrer, sa mort prématurée vint rendre au duc de Berri toute leur tendresse. Ils épuisèrent tous les genres d'instruction pour en faire le plus sage des rois et le meilleur des hommes. Réunissant l'un et l'autre à de grandes lumières la plus inaltérable douceur, qui pouvait, avec un égal succès, graver dans le cœur de l'enfance cet amour de la vertu, ce respect pour la religion et pour les mœurs, dont ils donnèrent toujours de si touchans exemples. C'est à cette vertueuse école que fut élevé le prince à qui le ciel avait confié nos destinées.

Le chagrin que lui causa la mort de son frère,

les larmes qu'elle lui fit répandre à un âge si peu, susceptible de fortes impressions , touchèrent tous. ceux qui en furent les témoins. Le Dauphin et la Dauphine se félicitaient de retrouver dans le cœur de cet enfant des sentimens qui les consolaient de la perte cruelle qu'ils venaient de faire. Si la mort du duc de Bourgogne fut pour le duc de Berri une si grande cause d'affliction , quelle ne fut pas sa douleur, lorsqu'il perdit un père si digne de ses regrets et de ceux de la France ! Il semble que ce jeune Prince avait un pressentiment secret des malheurs qui l'attendaient sur le trône. Il s'afflige de s'en voir rapproché par la mort de son frère. Il tressaille , ses sens se troublent , lorsqu'après la mort de son père, il est salué du nom de Dauphin. Héritier de ses vertus, il avait à redouter les mêmes ennemis. Aussi le verrons - nous toujours en butte aux traits les plus envenimés de la calomnie ; aussi le poursuivra-t-elle jusque sur les bords de sa tombe. Que dis-je ? elle réveillera ses cendres.

Le jeune Prince partagea , entre des études solides et des délassemens salutaires , l'intervalle qui s'écoula depuis la mort de son père jusqu'à son mariage avec Marie-Antoinette Josephe-Marie d'Autriche, sœur de l'empereur Joseph II , de la reine de Naples , de la duchesse de Parme , fille de François-Etienne de Lorraine et de cette reine de Hongrie et de Bohême, le héros de son siècle.

Cette union semblait promettre à la France un heureux avenir. Elle était le gage de la paix entre deux grandes puissances rivales. Aussi la présence de madame la Dauphine excita-t-elle un enthousiasme général. Ses grâces, sa beauté, sa jeunesse enchantèrent un peuple extrême dans son amour comme dans sa haine. Heureux époux, il ne se lassait pas de vous voir, il se pressait autour de vous. Il recueillait vos moindres paroles ; et ce concert unanime de sentimens, ces bruyans transports d'allégresse devaient se changer un jour en horribles blasphêmes, en barbares imprécations. Ces mêmes voix qui imploraient le Ciel pour la conservation de votre précieuse vie, devaient un jour applaudir à votre supplice.

Mais quel spectacle déchirant vient frapper mes regards au milieu de l'ivresse publique ! Je vois la place de Louis XV teinte de sang et les rues adjacentes jonchées de cadavres. Je vois des corps mutilés, des épouses, des mères éplorées cherchant, parmi les morts et les mourans, les objets de leur affection, des enfans désespérés embrassant les restes inanimés des auteurs de leurs jours.

Quels sombres pressentimens fit naître dans les cœurs cette lamentable journée! Les hommes les moins accessibles aux préjugés populaires craignirent qu'un règne qui commençait par le sang, ne fût heureux ni pour le monarque ni pour les sujets.

Et lorsque vingt ans après, nous contemplons ces mêmes lieux arrosés du sang royal, lorsque nous voyons un descendant de saint Louis et sa noble compagne jetés dans cette même enceinte qui reçut les victimes immolées à l'occasion de leur mariage, comment se défendre d'une terreur secrète lorsque des événemens sinistres viennent signaler l'époque des grandes réjouissances publiques ?

Le duc de Berri témoigna sa profonde douleur dans une lettre touchante aux magistrats de la ville de Paris, et ne se bornant point à de stériles regrets, il se dépouilla pour soulager l'infortune. Ah ! qu'il était digne de l'amour de son peuple, ce prince dont la vie toute entière se compose d'actions nobles et généreuses ! Tantôt nous le voyons faire équiper à ses frais deux petits bâtimens pour arracher aux nègres de la côte de Guinée quelques Français naufragés qui, sans ce pieux secours, se trouvaient condamnés à la plus humiliante servitude. Tantôt se dérobant aux plaisirs de la cour, et trompant la vigilance de ses gardes, il se glisse dans l'humble asile du pauvre, pour sécher les larmes du malheur. Ah ! qu'il était digne de notre respect et de notre admiration, lorsque toujours en garde contre le vice on le voit résister aux volontés de son aïeul qui, trop captivé par les trompeuses amorces du plaisir, se laissait aller à des complaisances indignes de la majesté du trône ! Un prélat, recommandable par ses

lumières et par sa piété, tonnant dans la chaire sacrée contre le dérèglement des mœurs, s'écria avec
une sainte hardiesse : *encore quarante jours et Ninive
sera détruite*. Sa prédiction s'accomplit, Louis XV
descend dans la tombe laissant sur son petit-fils le
fardeau de l'empire. Nous l'avons vu ce jeune prince
suivre invariablement la route que lui avaient tracée
les vertueux auteurs de ses jours. Voyons-le mainte-
nant sur le trône où il fut toujours si effrayé de s'as-
seoir, et dont ses hautes vertus le rendaient si digne.

Quel monarque en effet réunit à un plus haut dé-
gré toutes les qualités de l'homme de bien ? Qui, plus
que lui, détesta ces guerres injustes qui couvrent la
terre de deuil ? Qui, plus que lui, aima la justice et
l'équité ? Qui, plus que lui, fut exempt de ces faiblesses trop souvent compagnes de la vertu et que
nous regrettons de ne pas pouvoir effacer de la vie
des meilleurs de nos rois ? Il se montra toujours inac-
cessible à la voix de la flatterie, cette dangereuse
ennemie du pouvoir. Il signala son avènement au
trône, par l'abolition de l'usage antique d'arracher
l'aveu des crimes par la douleur, et jamais un arrêt
de mort ne sortit de sa bouche. On le vit souvent au
contraire, user du plus beau droit des souverains,
en arrêtant le glaive de la justice prêt à frapper le
coupable. C'est sous son règne que cessèrent d'exister
des droits anciens connus sous le nom de main-
morte, et de joyeux avénement. C'est encore sous

son règne que les cachots infects où les détenus imploraient la mort, se changèrent en prisons spacieuses. Il donna des secours aux hôpitaux, des encouragemens à l'agriculture et à l'industrie. Il forma des ateliers de charité; de grandes routes, des canaux de navigation donnèrent au commerce une nouvelle activité et nous vîmes avec orgueil s'ouvrir le port de Cherbourg, où l'art triompha de la nature. Il frémissait à l'idée d'exiger de son peuple un nouvel impôt et il faisait, sans hésiter, le sacrifice de ses jouissances et de ses intérêts personnels.

A son avènement au trône, la France était grevée d'une dette énorme. Toutes les ressources étaient épuisées; les rentiers tremblaient pour leurs capitaux. Le découragement s'était emparé de toutes les classes de la société.

S'oubliant entièrement lui-même, et ne pensant qu'à soulager ses peuples, le jeune monarque s'empresse de réformer une partie de sa maison militaire. Il éteint un grand nombre de charges à la Cour; il réduit le traitement des personnes employées à son service, et ordonne à la reine et aux princes du sang la plus sévère économie. Et qu'on ne pense pas que ses efforts pour l'amélioration du crédit public aient été sans succès : après deux ans de règne, la dette publique fut diminuée de cent millions. L'intérêt de l'argent tomba à quatre pour cent; les actions de la compagnie des Indes et les rescriptions qui perdaient

un cinquième de leur valeur, se négocièrent au ving-
tième, et ce monstrueux déficit qui fut le cri de ralli-
ment des ennemis de la Monarchie, eût été facile-
ment comblé par la sagesse d'un monarque qui
savait s'imposer tous les sacrifices, si la guerre d'Amé-
rique ne fût venue rouvrir les plaies de l'Etat. L'épui-
sement des finances dont elle fut la cause fut le pré-
texte de la convocation des Etats-généraux, si ar-
demment desirée par les novateurs. Mais si elle fut la
source de toutes nos calamités elle nous apprit du
moins à connaître le prince que le ciel nous avait
donné. Les besoins de l'Etat furent exposés avec la
franchise d'un père qui dit à ses enfans : Venez chercher avec moi un remède à vos maux, et si l'assemblée des notables n'atteignit pas le but qu'on se pro-
posait, qui de nous oserait en accuser le monarque?
Quel est celui de nous qui ne rendit pas justice à la
pureté de ses intentions, à la solidité de son jugement? Quel est celui de nous qui eut le bonheur
d'approcher de Sa Majesté sans éprouver le besoin
de l'aimer? Ah ! n'attribuons ses efforts infructueux
pour guérir les plaies de la France qu'à la France
elle-même. Il faut le dire, le venin de la philosophie
s'était glissé dans les âmes. Chacun en était plus ou
moins infecté depuis les grands qui entouraient le
trône, jusqu'à la dernière classe des citoyens. Tout
ce que naguère on respectait ou qu'on feignait du
moins de respecter, devint l'objet de la censure la

plus amère; des écrits où l'on proclamait la souve-
raineté du peuple furent le prélude des événemens
affreux dont nous avons été les témoins, et bien
qu'alors leurs auteurs fussent loin de supposer que
la nation française pût descendre au dernier degré
de l'avilissement, ils n'en préparaient pas moins les
voies aux plus horribles attentats qui jamais aient
souillé les pages de l'histoire.

Ce fut sous ces sinistres auspices que se forma
une assemblée à jamais mémorable par l'audace de
ses entreprises, par les talens et la perfidie d'une
partie de ses membres. Quelques-uns, toujours fidèles à leur Roi et aux principes de la monarchie, se
renfermant scrupuleusement dans leur mission, ne
demandaient que la réforme de certains abus qui,
toujours inséparables des institutions humaines,
s'agrandissent par la corruption des peuples et par
la négligence des souverains. D'autres voulaient res-
treindre l'autorité royale, et, par une imitation ser-
vile d'un peuple voisin, en soumettre les actes à des
Chambres de Représentans. D'autres enfin, frappés
de vertige, soupiraient en secret après des formes
républicaines. Tout entiers au prestige trompeur de
l'égalité, ils désiraient, plus qu'ils n'osaient l'espé-
rer, qu'elle pût se faire jour à travers ce conflit d'opi-
nions qui, quoique énoncées d'abord avec respect
pour le trône, ne tendaient pas moins à l'ébranler
et à préparer sa chute.

Ainsi des hommes, venus des divers points de la
France pour porter aux pieds du Monarque les do-
léances des provinces, et pour chercher, dans le
calme, les moyens de les soulager, ne songèrent qu'à
établir une nouvelle forme de Gouvernement. On vit
des hommes, dès long-temps voués au mépris public, s'ériger en législateurs, sans avoir aucune
idée de législation : ils vinrent mettre leurs rêve-
ries à la place des grandes leçons de l'expérience.
Le peuple, toujours crédule et toujours avide de
nouveautés, crut voir en eux des hommes envoyés
du Ciel pour travailler au bonheur de l'espèce humaine; la fermentation devint générale, et la France
offrit bientôt l'image d'une mer agitée par la plus
effroyable tempête.

Des déclamateurs séditieux inondent les lieux pu-
blics; des instrumens de mort se présentent partout
aux regards attristés. Le peuple le plus civilisé surpasse en cruauté les hordes africaines. Ici le magis-
trat est victime de la rage populaire; là, des soldats
indisciplinés résistent à leurs chefs, ou les massa-
crent sans pitié. Des milliers d'hommes, épouvantés
à la vue des supplices dont ils sont menacés, vont
chercher un pays hospitalier; d'autres, à qui leur
âge permet de prendre les armes, vont se grouper
autour de leurs Princes fugitifs. Les ministres d'un
Dieu de paix sont traînés dans les cachots; tous (à
l'exception de ceux qui préfèrent l'opprobre à la

persécution) sont poursuivis jusqu'au pied des autels. J'en atteste ce jour de hideuse mémoire où tant
de victimes tombèrent expirantes sous le fer de lâches
assassins. On sequestre, on vend à vil prix les biens
de ceux qui ont fui une terre de sang. Ainsi des milliers de familles sont réduites à l'état de mendicité;
ainsi les amis du Roi et de la patrie ont à gémir à la
fois, dans leur exil, et sur leurs propres infortunes,
et sur celles de leurs enfans, pour avoir sauvé leurs
jours menacés, et épargné des crimes à l'anarchie!
Ainsi une épouse fidèle pleure à la fois et sur le sort de
son époux et sur celui de sa famille, condamnée à la
plus affreuse indigence : atroce législation, qui punit
dans le fils le dévouement de son père, et qui trans-
forme en crime les généreux efforts de la vertu!

Si nous tournons nos regards vers ces corps illustres, placés entre le Souverain et le peuple, pour arrêter l'abus du pouvoir et les excès de la licence,
nous les voyons arborer les premiers l'étendard de la
rébellion, et rechercher les faveurs de la multitude,
en se proclamant victimes de leur dévouement à sa
cause. Nous les voyons prononcer les premiers le
mot de tyrannie, répété depuis par tant de bouches
impures, et enfin par les exécrables bourreaux du
prince le plus doux, le plus aimant et le plus populaire qui jamais ait gouverné les hommes. Et qu'on
ne pense pas que l'armée elle-même restât intacte
au milieu de ce bouleversement. La philosophie

avait aussi trouvé des prosélytes parmi des hommes qui ne devaient connaître que l'honneur et la fidélité : des chefs de corps, oubliant ce qu'ils se devaient à eux-mêmes, ce qu'ils devaient à leur Roi, abandonnèrent honteusement sa cause. Ainsi le monarque était poussé vers l'âbîme où l'entraînait l'excès de son amour pour ses sujets, par ceux qui devaient lui faire un rempart de leurs corps, et le défendre même contre ses propres faiblesses.

Des décrets incendiaires franchissent les mers, et portent le fer et la flamme dans le Nouveau-Monde ; d'immenses peuplades, dès long-temps façonnées à un utile esclavage, et qui n'étaient susceptibles que d'une liberté graduelle, brisent leurs fers, et se portent aux plus effroyables excès ; ne distinguant ni l'âge, ni le sexe, et confondant tout dans leur aveugle vengeance, elles inondent de sang une des plus florissantes contrées du globe, et l'Assemblée applaudit à ce courageux élan de liberté, soutenu par la présence de ses commissaires.

Louis XVI était loin de s'abuser sur les dangers de la patrie ; mais que faire au milieu du débordement de toutes les passions ? Comment résister à l'irrésistible torrent d'une nation subjuguée par les hommes qu'elle avait investis de sa confiance ?

Si celui qui entreprend l'éloge d'un homme élevé au-dessus des autres, le présentait comme un modèle de perfection, il blesserait la vérité, et s'expo-

serait à la défaveur qu'attire toujours la dissimula-
tion de ces erreurs ou de ces faiblesses, que l'on regarde à bon droit comme inséparables de la nature
humaine. On s'étonnerait avec raison qu'un monarque n'eût pas à se reprocher quelques fautes graves
dans ces temps extraordinaires où un peuple im-
mense, bouillant, impétueux, libre de s'élancer hors
des limites que lui traçait la monarchie, se levait
tout entier à la voix de son souverain. On se demanderait, en lisant l'histoire de nos égaremens et de
nos crimes, pourquoi le Monarque ne sévit pas d'a-
bord contre les grands coupables, et pourquoi, par
des actes d'une éclatante justice, il n'arrêta pas,
dans sa source, un débordement qui menaçait
l'Europe? On se demanderait encore, comment la
corruption des mœurs et l'irréligion étant portées à
leur comble, il put se rassurer sur le danger de con-
voquer une Assemblée Nationale. Impatiente de dé-
truire ce qu'on était convenu d'appeler des préjugés,
pouvait-elle, armée du pouvoir, ne pas attaquer
les bases fondamentales de la monarchie?

Si quelques-uns des prédécesseurs de ce Monarque, qui tinrent avec fermeté les rênes de l'empire,
n'appelèrent une représentation nationale qu'avec
une extrême défiance, et toujours en déployant autour d'elle l'appareil imposant de la force, pourquoi
Louis XVI, dans des temps moins heureux, pré-
suma-t-il trop de la réserve et de la soumission de ses

sujets, et se mit-il, pour ainsi dire, entre leurs mains? Pourquoi, cédant aux perfides clameurs des ennemis du trône, réforma-t-il des corps qui en furent toujours le plus ferme appui? Le flambeau de la discorde ne devait-il pas s'allumer entre des ordres qui, dès long-temps aigris les uns contre les autres, allaient se trouver en présence?

On n'opposerait à cette sévère improbation de sa conduite, que l'inépuisable bonté de son cœur, et son invincible répugnance à user des moyens de rigueur contre le dernier de ses sujets. Ce Monarque ne se tint point assez en garde contre les conseils perfides de ses ennemis secrets. Uniquement occupé du bonheur de son peuple, il crut devoir alléger ses maux par la plus sévère économie. Il voulut lui donner ce gage nouveau de la pureté de ses intentions; et, semblable à un père que l'excès de sa tendresse rend aveugle sur les torts de ses enfans, ou qui, croyant les ramener par la douceur, se voit payé de la plus noire ingratitude, Louis XVI épargna le sang de ses sujets, et devint leur victime.

Mais que vois-je! quel effroi vient glacer mes sens! quelle sombre tristesse règne sous les lambris du palais de nos Rois! quelle douleur profonde se peint sur le front de Louis! On délibère dans le silence de la nuit. Le meilleur des Princes va s'éloigner de ses sujets rebelles; le plus tendre des pères s'arrache à ses enfans dénaturés; il va se jeter entre les bras d'une poignée de serviteurs fidèles et de souverains armés pour sa défense. Ah! pourquoi fallait-il que des mains criminelles s'opposassent à sa fuite, et pourquoi le Ciel ne l'avait-il élevé au-dessus des autres que pour lui refuser ce qu'il accordait au dernier de ses sujets? Digne fils de Henri, il l'aurait pris pour modèle; il aurait désarmé ses enfans acharnés à s'entre-détruire, et tari peut-être la source des maux qui, pendant vingt ans, ont désolé la terre. Mais si le Ciel n'eût par permis qu'il retirât la France des bords de l'abîme où l'entraînaient les factieux, si le fanatisme de la liberté, qui enfante tant de crimes et d'actions héroïques, eût opposé une insurmontable barrière aux vues paternelles du Monarque, il nous aurait épargné du moins le plus grand des forfaits; et la France, revenue à elle-même après tant d'orages, n'aurait pas à déplorer à la fois, et ses funestes erreurs, et le sang illustre qu'elle a vu couler.

Vous, qui fûtes témoins du triomphe des factieux ramenant leur victime un moment échappée à leurs bras parricides; vous, qui entendîtes les vociférations, les cris de rage d'une multitude égarée, dites-nous la contenance de Louis, la sérénité de cet auguste visage au milieu de mille instrumens de mort; dites-nous aussi avec quelle imposante dignité sa noble et courageuse compagne voyait se précipiter autour d'elle les flots tumultueux de ce peuple abusé qui demandait sa tête. Vous, qui ne placez le courage que dans le cœur des guerriers se disputant la victoire avec de nombreux bataillons, apprenez que Louis, sans armes, sans soutien, opposant une ferme résignation au fer de ses assassins, des regards tranquilles à leurs regards farouches, surpasse en grandeur d'âme, en véritable courage, les hommes qui remplirent le monde du bruit de leurs exploits. Et qui ne sait que l'Attila moderne pâlit et se troubla à la vue d'un poignard, lui, que la victoire avait déjà tant de fois couronné, et qui devait asservir un jour l'Europe humiliée? Rappellerai-je la hideuse insurrection du 20 juin, et la sanglante journée du 10 août? Est-il donné aux mortels de s'élever au-dessus de cette magnanimité, de ce mépris de la vie, de cette entière abnégation de soi-même? D'un côté, quel prodige de courage et de vertu; de l'autre, quel excès d'audace et de cruauté!

Et quel est ce Monarque auquel un peuple trompé prodigue les insultes et les outrages? De quelle action injuste s'est-il jamais rendu coupable? Que dis-je? quel bien a-t-il pu faire qu'il n'ait pas fait? On lui reproche son goût pour les arts mécaniques, comme si le délassement devait être interdit aux princes. Certes, si ce Monarque eût négligé les études analogues à sa dignité, il aurait encouru le blâme de ses contemporains et de la postérité; mais qui ne sait qu'il lisait avec fruit, et qu'il faisait des extraits de toutes ses lectures? Il savait le latin; il parlait la langue anglaise comme la sienne propre. L'histoire, les belles-lettres, les mathématiques ne lui furent point étrangères; mais c'est surtout pour la géographie qu'il eut une prédilection marquée, et personne n'ignore qu'aucun de ses contemporains n'eut, sous ce rapport, des connaissances plus précises et plus étendues.

Mais c'en est fait, il a cessé de régner; il est captif dans le palais de ses aïeux. Il restait à ce Prince infortuné une faible et dernière espérance dans la convocation d'une nouvelle Assemblée. Il se flattait, dans sa douleur, que la saine partie de la nation, indignée de tant de perfidies et de forfaits, dessillerait les yeux de la multitude égarée; mais les conspirateurs du 6 octobre, mais les factieux, qui devaient se disputer les lambeaux de la monarchie, respiraient encore; aussi ce fut des sombres repaires de l'anarchie que sortirent, en majorité, les successeurs des deux premières Assemblées, dont les principaux orateurs avaient appris à gémir de leurs égaremens. Aussi ce fut à des hommes frappés du sceau de la réprobation publique que fut confié le soin de réparer les maux toujours croissans de la patrie désolée.

Trois Assemblées se formèrent sous un Roi qui ne pouvait être heureux que du bonheur de ses peuples. La première l'abreuva d'amertume, en avilissant son autorité; la seconde l'accabla d'outrages, et le jeta dans les cachots; la troisième trempa ses mains parricides dans son sang innocent.

Tout ce que la France recelait de plus impur formait cette effrayante Convention, qui, toute fumante encore du sang de ses innombrables victimes, allait apprendre au monde étonné à quels excès peut se porter un peuple, quand il a franchi toutes les barrières, quand le mépris de la religion, la corruption des mœurs et le fanatisme de la liberté ont pris la place de la sagesse, de la modération et du respect pour le trône et l'autel; elle allait apprendre aux rois de quels périls ils sont menacés, et quelle terrible responsabilité pèse sur leurs têtes, quand ils ne se servent pas de la puissance que l'Éternel a mise entre leurs mains pour enchaîner les passions et arrêter dans sa source leur épouvantable débordement.

Dieu, qui destinait à Louis une couronne impérissable, voulait, en le dépouillant de toutes les marques de la grandeur, en le faisant descendre de la condition la plus élevée à un état de dénûment et de misère, le convaincre du néant et de la fragilité des choses humaines; il voulait le conduire, par des routes semées d'épines, à cette gloire immortelle devant laquelle toutes les gloires terrestres se taisent et se confondent. Aussi de quelle amertume son cœur n'est-il pas abreuvé ! On lui refuse la douce consolation de s'entretenir avec les objets de sa tendresse; on lui présente la tête encore sanglante d'une illustre victime ; on lui refuse les choses nécessaires à la vie ; des gardes sans pitié ajoutent les outrages à l'insulte. Mais avec quelle sainte résignation, avec quelle héroïque patience ne se soumet-il pas à la volonté divine! Il ne profère jamais ni plaintes, ni murmures. S'il pense à sa grandeur passée, ce n'est que pour s'en faire un titre aux yeux de l'Éternel. Il ne voit plus le monde que comme un dangereux écueil. Il se réjouit d'éprouver les coups de l'adversité, qui lui rappelle sans cesse ce que l'éclat du trône fait si souvent oublier. Il se console de l'ingratitude des hommes, par l'inébranlable constance d'un serviteur fidèle, arrosant de ses larmes le sein d'un Roi devenu son ami. Son corps tient encore à la terre, mais son âme est toute dans les cieux. Il est prêt à paraître devant le Roi des rois : il peut défier ses sujets criminels. Que dis-je? l'excès de sa douleur le rend impatient de l'accomplissement de sa destinée. Mais ils vont assouvir leurs vengeances : ils viennent, avides de son sang, l'appeler à leur sanglant tribunal.

Les pleurs inondent mon visage; mon âme est déchirée par la douleur. Je n'ose retracer cette scène d'horreur; je n'ose entrer dans le repaire du crime. Et comment l'expression ne resterait-elle pas au-dessous de la pensée? comment d'aussi effroyables tableaux ne seraient-ils pas au-dessus de la puissance de la parole? Ce n'est qu'en traits de sang qu'on

peut peindre des juges prêts à dévorer leur inno-
cente proie. Je vois encore leurs yeux étincelant
d'une joie féroce. J'entends sortir de leurs bouches
impures ce trop fameux interrogatoire, monument
éternel d'audace, de mensonge et de perfidie. Je
les vois menacer d'un regard farouche ceux que
retiennent la crainte ou l'énormité du crime. Je vois
leurs satellites sanguinaires parcourant les tribunes,
armés de piques et de poignards, et cherchant des
victimes parmi ceux dont les larmes trahiraient le
secret.

Cependant au milieu de cette horrible enceinte,
on entend s'élever quelques voix éloquentes qui re-
tracent avec énergie les maux de la patrie. Mais
il ne se trouve pas un homme qui, brûlant pour
son Roi d'un véritable amour, ose dire à ses im-
pitoyables collègues toute la vérité. Il n'en est aucun qui, bravant leurs poignards, ose les traduire
au tribunal de l'inflexible postérité. Ce n'était pas
assez de leur présenter l'image de la France se déchirant de ses propres mains ; ce n'était pas assez
de leur dire que l'étranger qui foulerait un jour cette
terre désolée, marcherait au milieu des ossemens
et des tombeaux. Il fallait enfoncer le poignard dans
ces cœurs qui ne s'ouvraient que pour le crime, et
les faire frémir à la vue de leur propre sang. N'est-ce
pas assez, hommes criminels, d'avoir, au nom
d'un peuple abusé, commandé si long-temps le

pillage et les massacres ? n'est-ce pas assez d'avoir accablé d'outrages le plus juste et le plus patient des monarques ? Faut-il encore qu'au mépris de toutes les lois divines et humaines, vous vous arrogiez le droit de l'appeler à votre tribunal, et que vous soyez à la fois ses juges et ses bourreaux ? Si l'énormité du crime ne peut arrêter vos bras parricides, ah! songez du moins à votre mémoire, à l'opprobre dont vous allez couvrir vos noms et vos familles. Redoutez aussi pour vous-mêmes la vengeance d'un peuple malheureux que vous tenez aujourd'hui dans le délire ou dans les fers. Quand le temps aura fait disparaître, chez les uns, le fantôme qui les séduit, et chez les autres l'esclavage qui les comprime, tous d'une commune voix viendront vous demander compte du sang que vous allez répandre. Une terrible responsabilité pesera sur vos têtes coupables, et le moment n'est pas éloigné où vos cœurs seront déchirés par les remords. Voyez les assassins de Charles Ier traîner au-delà des mers une vie ignominieuse, qu'ils ne dûrent qu'à la clémence de son successeur. Voyez l'opinion publique les accuser, les proscrire et leur imputer tous les maux de la patrie. Entendez la voix de la renommée porter jusqu'aux extrémités du monde leurs noms voués à l'exécration des siècles. Eh! qu'enfanta, grand Dieu! cette guerre sacrilége d'un peuple contre son Roi ? Un usurpateur hypocrite qui, sous le titre modeste de Protecteur, devint le tyran de son pays et prépara le retour de l'héritier légitime. Tremblez : la même destinée vous attend.

Semblable à un rocher contre lequel viennent se briser les vagues irritées, Louis restait calme au milieu de ses bourreaux. On eût dit que l'Éternel assis à côté de la victime, lui donnait une force surnaturelle, pour offrir aux méchans l'image de la vertu prête à recevoir le prix de ses tribulations et de ses souffrances. Ni les injures, ni les outrages ne peuvent troubler la sérénité de cette âme qu'avait encore agrandie le malheur. Il semblait, par la dignité de ses réponses, par la noblesse de sa contenance, régner encore sur un peuple qui le foulait à ses pieds : tant le titre de souverain impose à la multitude; tant il est facile aux monarques de faire trembler le plus audacieux des conspirateurs, quand par de dangereuses concessions, ils n'ont pas fait disparaître eux-mêmes cette magie du pouvoir sauvegarde des peuples et des rois.

C'est en vain que son éloquent défenseur cherche à détourner le coup qui va frapper cette tête auguste. C'est en vain qu'il cherche tantôt à les convaincre de leur incompétence, et tantôt à allumer dans leur âme quelques étincelles d'amour et de respect pour un roi juste et malheureux. C'est en vain que les accens de la douleur publique les accusent, et que mille voix se font entendre pour demander qu'on interrompe la nation elle-même. Mandataires criminels d'un peuple qu'ils abusent ou qu'ils oppriment, il n'osent en appeler à son jugement! Ils tremblent que cet énorme attentat ne réveille dans le cœur des Français leur antique amour pour des rois qui firent si long-temps leur gloire et leur bonheur.

Mais j'entends prononcer l'arrêt fatal, et bientôt le fils de saint Louis goûtera les joies célestes pour prix de ses vertus et de ses souffrances. Il ne lui reste plus que la douleur de voir son peuple égaré. Il n'est affligé que par la crainte qu'une main sévère vienne un jour s'appesantir sur des hommes coupables, et c'est pour les préserver d'un juste châtiment qu'il lègue à la postérité ce testament sublime, monument immortel de sa piété, de sa bonté et de son inépuisable amour pour son peuple. Il l'aime encore ce peuple qui l'immole; il forme encore des vœux pour son bonheur. Il pardonne à tous ses ennemis et même à ceux qui le mènent au supplice. Religion sainte! tu peux seul inspirer ce généreux oubli des plus cruelles offences, cette entière abnégation de soi-même. Tu rapproches l'homme de la divinité, et c'est de toi seule qu'il emprunte cette grandeur d'âme, ce mépris des souffrances et ces nobles résolutions qui commandent à l'athéisme lui-même l'admiration et le respect.

Infortuné Louis! avant que tes vœux soient accomplis, avant de quitter cette terre souillée par tant de forfaits, ton cœur sensible va soutenir le plus pénible des combats. Tu veux presser contre ton sein la digne et courageuse compagne de tes douleurs ; tu veux embrasser tes enfans, les arroser de tes larmes et leur faire un éternel adieu. Ah ! ne crains-tu pas que ces tendres objets de ton affection te rattachent à la terre ? Ne crains-tu pas de succomber dans cette dernière lutte de l'amour paternel ? Ton âme a pu s'élever au-dessus de l'injustice et de la cruauté des hommes ; tu as pu supporter avec courage tous les coups de l'adversité ; tu as pu voir d'un œil de mépris toutes les grandeurs humaines et descendre du trône avec indifférence. Mais quelle force pourrait résister aux derniers embrassemens d'une épouse adorée, aux caresses de ces deux aimables enfans qui faisaient ta consolation et ta plus chère espérance ! Dieu te les avait donnés pour veiller sur eux, pour les guider dans le sentier de la vertu, pour leur inspirer l'amour de la justice, et tu vas les laisser aux soins d'une mère éplorée que tes bourreaux ont déjà marquée pour leur victime. Jetés sans pilote sur une mer remplie d'écueils, se sauveront-ils du naufrage ? Cruelle prévoyance de l'avenir qui vient empoisonner les derniers momens d'une vie déjà trop pénible ! Funestes pressentimens qui viennent tourmenter tes sens et se mêler aux voix célestes qui t'appellent !

Mais je vois les satellites de la tyrannie t'arracher à cette douloureuse perplexité. Je les vois repousser une mère inconsolable, et lui faire un crime de ses larmes et des sanglots. Je les vois lancer un regard d'indignation sur tes timides enfans qui voudraient te retenir encore, et qui lèvent vers toi leurs bras impuissans. Je te vois, digne monarque, marcher sans crainte et sans regrets vers le lieu de ton supplice. J'entends le ministre des autels prononcer d'une voix entrecoupée ces paroles immortelles: *fils de saint Louis , montez au ciel.* Grand Dieu! toi dont le bras invisible s'appesantit quelquefois sur les têtes coupables, toi qui d'un souffle élèves ou renverses les empires, daigne signaler ta puissance. Arrête le bras parricide prêt à frapper le meilleur des rois. Quoi! celui qui donna l'exemple de toutes les vertus, mourra de la mort du dernier des criminels? Quoi! un peuple rebelle se souillera du sang de son roi, lorsqu'à toi seul appartient le droit de le juger! Mais c'en est fait, la hache a frappé cette tête auguste. Les factieux ont vu couler le sang de leur victime; ils frémissaient de la voir échapper à leurs mains parricides, et le bruit des tambours a étouffé la voix d'un père qui voulait interroger pour la dernière fois le cœur de ses enfans.

Jour de deuil et de consternation! où le peuple étonné contemple avec horreur les restes inanimés du plus vertueux des Monarques, et se dispute ses vêtemens ensanglantés !

Les rues sont désertes : on se dérobe à la lumière du jour ; on évite ses parens et ses amis les plus chers ; on veut être seul avec sa douleur. Des femmes frappées de vertige appellent à grands cris leur Roi qui n'est plus. Il en est qui le vengent dans le sang de ses assassins. Les bourreaux pâlissent eux-mêmes : la crainte et le remords s'élèvent au moment où tombe la victime.

O vous que la fortune accabla de ses rigueurs ; vous, qui peut-être errez autour de vos champs cultivés par des mains étrangères, venez tous arroser de vos larmes la tombe de Louis ; venez oublier vos maux pour ne songer qu'à son martyre !

Mais ce sang innocent aura-t-il apaisé l'Eternel, et Louis verra-t-il du céleste séjour s'accomplir le plus cher de ses vœux ? Verra-t-il un peuple rebelle expiant par son repentir ses erreurs et ses crimes ? Trop malheureux Monarque, tu as survécu à ta douleur ; tu as vu ta courageuse compagne, l'auguste fille de tant de rois et d'empereurs, immolée comme toi, après un infâme interrogatoire dont le souvenir alarme encore la pudeur. Reine infortunée, il ne s'effacera jamais de notre mémoire, ce jour de tristesse et de deuil où tu fus ravie à nos espérances ! Jouis auprès d'un époux, que tu consolas dans le malheur, d'une félicité que te refusèrent l'injustice et la cruauté de tes sujets, et que ses témoignages d'amour et d'admiration te fassent trouver encore quelque charme dans le souvenir de tes ineffables souffrances ! Et vous, dignes rejetons du sang illustre qui vient de couler ; vous, la dernière espérance de notre malheureuse patrie, votre aimable enfance adoucira-t-elle des monstres altérés du sang de leurs Rois ? Respecteront-ils votre innocence et vos malheurs ? Grand Dieu ! protége-les contre la fureur des hommes. Après avoir épuisé nos larmes sur les tombeaux des auteurs de leurs jours, serions-nous condamnés à déplorer encore la perte de tout ce qui nous reste de consolations ? Royal enfant, jeune monarque, ta naissance est un crime aux yeux de nos tyrans ; et, dans l'impuissance de t'accuser, ils abrégeront tes jours dans le silence des cachots. Et toi, jeune Princesse, digne héritière des vertus de ton aïeule, tu sauras, comme elle, triompher de l'adversité. Tu rempliras le monde de ton nom, de ta piété filiale et de ton inébranlable courage dans les revers. Et toi, dont on ne peut prononcer le nom sans attendrissement, toi, qui mettais ton bonheur à essuyer les larmes de ta famille, toi qui surpassant tout ce que l'histoire nous offre de plus héroïque, te dévouais à la mort en trompant leurs meurtriers ; toi qu'une fervente piété éloignait du trône quand il brillait d'un grand éclat, et qui le recherchais quand il fut entouré d'écueils et de périls ; la hache reste

encore suspendue sur ta tête; le souvenir de sa bonté, ton inaltérable douceur, tes célestes vertus, font d'abord reculer le crime d'horreur; mais bientôt il se reprochera sa faiblesse; bientôt le peuple consterné versera des larmes de sang sur sa tombe, et s'écriera, dans sa douleur : Madame Elizabeth n'est plus.

Dieu ne permet aux peuples de se souiller du sang de leurs rois que pour leur faire sentir le poids de sa vengeance. Ce n'est jamais qu'après une longue impunité de leurs égaremens et de leurs crimes; ce n'est qu'après avoir vu ses lois saintes méprisées, ses temples abandonnés, son culte profané, qu'il donne au monde ces grandes et terribles leçons. Et quel peuple fatigua davantage sa clémence infinie ? Quel peuple se laissa plus aller au torrent des passions, au mépris des choses sacrées, à l'oubli de tous ses devoirs ? Aussi l'Eternel ne met-il point de bornes à ses justes vengeances. La France se couvre d'un crêpe funèbre; des licteurs ensanglantés promènent sur toutes les têtes la hache exterminatrice; la Loire est rougie par le sang des victimes; le fils embrasse le corps inanimé de son père; la tendre épouse demande à partager le sort de son époux; la fille promise accompagne son amant au supplice, et veut descendre avec lui dans la tombe. Des vieillards couverts d'honorables blessures, les ministres d'un Dieu de paix défient à l'échafaud la rage des tyrans, et bénissent le ciel qui daigne mettre un terme à leurs souffrances. Les tyrans eux-mêmes se dévorent entre eux, et ce n'est plus qu'un poignard à la main qu'ils se montrent dans une enceinte plus d'une fois rougie de leur sang impur. Le fils dénonce son père, le père sacrifie son fils ; le frère provoque la mort de son frère ; l'immortelle Vendée voit couler dans son sein des flots de sang ; les désastres de la guerre, les horreurs de la famine, portent partout le deuil et la consternation, et la France n'est plus qu'un vaste cimetière, où courent s'entasser pêle-mêle le vice et la vertu, les victimes et les bourreaux. La colère céleste est enfin désarmée, et les lys se sont relevés après de longs orages. Auguste souverain ! quelles actions de grâces ne devons-nous pas à la Providence qui te rend à nos vœux, agrandi par l'adversité, éclairé par de profondes méditations sur le bonheur des peuples et sur la prospérité des empires ? Et vous princes qui le secondez avec tant de zèle dans ses nobles entreprises, vivez pour le bonheur de la France, et qu'une nombreuse postérité nous réponde de l'avenir.

Ombre de Louis ! c'en est assez. Je ne veux plus rouvrir les plaies de mon cœur, et je lève pour la dernière fois mes yeux mouillés de larmes vers le céleste séjour où t'appelleront tes vertus et tes longues souffrances. Ah ! daigne t'arracher un moment à ces divines contemplations, à cette félicité sans bornes réservée pour une autre vie. Regarde ton auguste famille travaillant sans relâche au bonheur d'un peuple qui expie, par tant de malheurs et de repentir, ses erreurs et ses crimes. Entends la voix touchante de la noble et courageuse compagne de ton infortune. C'est l'héroïne de son siècle, c'est ta fille qui t'appelle. Héritière de ta bonté, elle venge ta mort par des bienfaits; elle se dépouille, à ton exemple, pour verser des consolations dans le sein de l'indigence.

Mais venez tous, Monarques de la terre, venez pleurer sur la tombe de l'infortuné Louis, et que sa déplorable destinée, toujours présente à votre mémoire, vous rappelle sans cesse vos devoirs envers les peuples que l'Eternel vous a confiés; qu'elle vous avertisse qu'une juste sévérité peut seule préserver les empires de ces terribles bouleversemens qui font le malheur des peuples et des Rois.

Et vous, Peuples, apprenez à respecter vos maîtres. Sachez que la liberté n'est qu'un fantôme; que vous ne pouvez être heureux que sous des princes légitimes; que le mépris de la religion et la corruption des mœurs enfantent ces épouvantables catastrophes qui viennent à de longs intervalles punir les crimes de la terre.

De l'Imprimerie d'A. EGRON, rue des Noyers, n° 37.

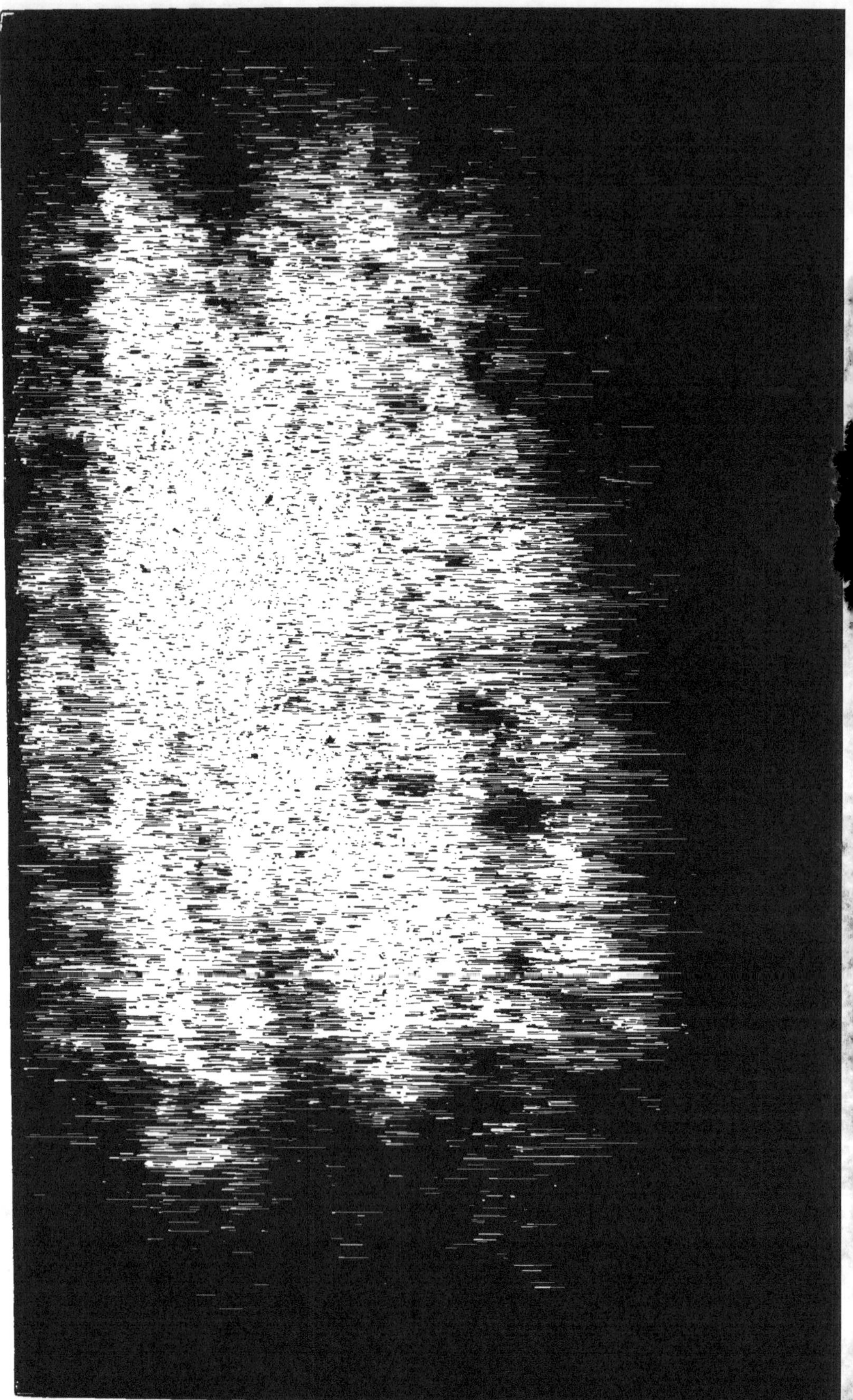